Préambule

Bienvenue dans ce voyage au cœur de la créativité et de l'expression, où l'art devient une aventure enrichissante et une exploration sans fin pour l'esprit en développement. Ce document ouvre les portes d'un monde où les couleurs, les formes, et les textures servent de langage universel pour exprimer des idées, des émotions, et des histoires captivantes. Nous sommes fiers de vous présenter un plan pédagogique méticuleusement conçu, destiné à guider les élèves à travers les multiples dimensions des arts plastiques.

Structuré en dix chapitres thématiques, ce programme est bien plus qu'un simple curriculum ; c'est une invitation à voyager à travers les facettes infinies de l'art. Chaque chapitre a été pensé pour initier les élèves à une compétence artistique spécifique, stimuler leur créativité innée et affûter leur capacité de réflexion critique. De l'"Introduction à l'art", qui pose les fondements de l'importance et du rôle de l'art dans notre société, à la "Réflexion et portfolio", qui couronne le parcours en encourageant une introspection profonde et la présentation professionnelle du travail artistique, ce programme promet une aventure éducative riche et variée.

En traversant des domaines aussi divers que les techniques de dessin, la peinture, la sculpture, l'art et la technologie, et même l'histoire de l'art, les élèves seront équipés non seulement des compétences techniques nécessaires pour s'exprimer artistiquement, mais aussi d'une sensibilité esthétique qui enrichira leur perception du monde. Les projets thématiques et les expositions encourageront l'application pratique des compétences acquises, offrant aux jeunes artistes des plateformes pour partager leur vision unique.

L'objectif de ce plan pédagogique est ambitieux : offrir une formation artistique complète qui prépare les élèves à embrasser pleinement leur potentiel créatif. Il s'adresse à tous ceux qui croient en la puissance de l'art pour transformer, inspirer et illuminer nos vies. Embarquez avec nous dans cette aventure artistique, et découvrez comment, à travers le prisme des arts plastiques, nous pouvons non seulement voir le monde de manière plus colorée et vivante, mais aussi comprendre notre place et notre potentiel pour le rendre encore plus beau.

Préparez-vous à inspirer et à être inspiré, à enseigner et à apprendre, et surtout, à partager la joie intemporelle de la création artistique. Voici le début d'un voyage extraordinaire dans l'exploration de l'art.

CHAPITRE 1: INTRODUCTION

À L'ART

Objectifs du chapitre :

- Familiariser les élèves avec le concept de l'art et son importance dans différentes cultures et à travers l'histoire.
- Initier les élèves à la variété des formes d'art (peinture, sculpture, architecture, art numérique, etc.).
- Développer les compétences d'observation et d'analyse artistique des élèves.

Contenu :

Qu'est-ce que l'art ?

- Discussion interactive sur ce que les élèves considèrent comme de l'art.
- Introduction aux différentes définitions de l'art et à son rôle dans l'expression de soi et la communication.

Pourquoi l'art est important ?

- Exploration de l'impact de l'art sur les individus et les sociétés.
- Exemples de la manière dont l'art influence les émotions, les opinions et la culture.

Différents types d'art

- Présentation des diverses formes d'art : dessin, peinture, sculpture, architecture, photographie, art numérique, etc.
- Visionnage de courtes vidéos ou diaporamas montrant des exemples de chaque type d'art.

L'art autour de nous

- Activité où les élèves apportent ou identifient des exemples d'art dans leur environnement quotidien.

- Discussion sur comment l'art façonne notre environnement et notre perception du monde.

Observation artistique

- Exercice pratique d'observation d'œuvres d'art sélectionnées, en se concentrant sur les couleurs, les formes, les textures, et les émotions qu'elles suscitent.
- Introduction à la critique d'art : apprendre à parler de ce qu'on voit et à exprimer son opinion de manière constructive.

Activités pratiques :

- Création d'un collage : Les élèves créent un collage qui représente leur définition personnelle de l'art en utilisant des images et des matériaux divers.
- Mon premier carnet d'artiste : Chaque élève commence un carnet où il collera des images d'œuvres d'art qui l'inspirent, accompagnées de ses observations et réflexions personnelles.

Évaluation :

- Participation à la discussion et aux activités pratiques.
- Réflexion personnelle sur ce que l'art signifie pour l'élève, à exprimer soit par écrit dans le carnet d'artiste, soit oralement lors d'un partage en classe.

Ce premier chapitre vise à éveiller la curiosité des élèves pour l'art et à poser les bases d'une exploration plus approfondie des chapitres suivants.

Pour le deuxième chapitre d'un plan pédagogique en arts plastiques, intitulé "Couleurs et formes", nous allons nous concentrer sur les éléments fondamentaux de l'art visuel qui sont essentiels pour la compréhension et la création artistiques.

CHAPITRE 2 : COULEURS ET FORMES

Objectifs du chapitre :

- Introduire la théorie des couleurs et le cercle chromatique aux élèves.
- Explorer les différentes formes et comment elles peuvent être utilisées dans la création artistique.
- Sensibiliser les élèves à l'impact des couleurs et des formes sur l'interprétation et les émotions suscitées par une œuvre d'art.

Contenu :

Introduction à la théorie des couleurs

- Explication des couleurs primaires, secondaires, et tertiaires à l'aide du cercle chromatique.
- Discussion sur la signification des couleurs et comment elles peuvent influencer les émotions et l'atmosphère d'une œuvre.

Le cercle chromatique et les harmonies de couleurs

- Pratique de création d'un cercle chromatique par les élèves avec des peintures ou des crayons de couleur.
- Exploration des harmonies de couleurs (couleurs complémentaires, analogues, etc.) et leur utilisation dans l'art.

Les formes dans l'art

- Distinction entre formes géométriques (carré, cercle, triangle) et organiques.
- Analyse d'œuvres d'art pour identifier les formes utilisées et leur effet sur la composition.

Création et manipulation de formes

- Activités pratiques où les élèves expérimentent avec la création de formes à l'aide de différents matériaux (papier découpé, argile, dessin).

Les couleurs et formes dans la composition

- Introduction aux concepts de composition en art : équilibre, contraste, point focal.
- Exercices où les élèves appliquent les principes de composition en utilisant les couleurs et formes étudiées.

Activités pratiques :

- Atelier de peinture : Les élèves créent une œuvre d'art en appliquant les concepts d'harmonie de couleurs appris.
- Exploration des formes : Construction de sculptures simples avec de l'argile ou des matériaux recyclés, en se concentrant sur l'utilisation de formes géométriques et organiques.

Évaluation :

- Création d'une œuvre d'art qui démontre la compréhension et l'application des concepts de couleurs et de formes.
- Présentation orale ou écrite expliquant les choix artistiques faits dans l'œuvre, en termes de couleurs et de formes.

Ce chapitre vise à doter les élèves d'une compréhension fondamentale des éléments visuels de l'art, leur permettant ainsi d'exprimer plus librement et efficacement leurs idées et émotions à travers leurs créations artistiques.

Pour le troisième chapitre d'un plan pédagogique axé sur les arts plastiques, intitulé "Techniques de dessin", nous allons plonger dans les bases et les techniques avancées du dessin, un fondement essentiel des arts visuels. Ce chapitre aidera les élèves à développer leur capacité à transmettre des idées et des émotions à travers le dessin.

CHAPITRE 3 : TECHNIQUES DE DESSIN

Objectifs du chapitre :

- Familiariser les élèves avec les outils et matériaux de dessin.
- Apprendre les techniques de base et avancées du dessin.
- Développer les compétences d'observation et la capacité à transmettre des idées sur papier.

Contenu :

Introduction aux outils de dessin

- Présentation des différents outils (crayons, charbons, estompes, encres, marqueurs, pastels) et des supports (papier de différents grammages, toiles, cartons).
- Explication sur l'utilisation et les effets spécifiques de chaque outil.

Les bases du dessin

- Techniques de tracé : apprendre à contrôler la pression du crayon pour créer des lignes variées.
- Le hachurage et le croisillon : techniques pour créer ombres et textures.
- Perspectives et proportions : notions de base pour dessiner des objets et figures dans l'espace.

Dessin d'observation

- Exercices de dessin à partir de modèles réels (nature morte, paysage, portrait) pour affiner les compétences d'observation et de reproduction fidèle des formes.

Techniques avancées

- Introduction aux techniques plus complexes comme le sfumato, le clair-obscur, ou encore l'utilisation de perspectives multiples pour des compositions dynamiques.

Expression personnelle et créativité

- Encourager les élèves à développer leur propre style en expérimentant avec les différentes techniques et outils présentés.
- Discussion sur l'importance de la pratique régulière et de l'expérimentation dans le processus créatif.

Activités pratiques :

- Atelier de techniques mixtes : Les élèves créent des œuvres en utilisant une combinaison des outils et techniques étudiés, explorant leurs effets combinés.
- Séances de dessin en plein air : Dessiner des scènes extérieures pour pratiquer le dessin d'observation en contexte réel.

Évaluation :

- Réalisation d'un projet final qui intègre les techniques apprises, reflétant les compétences d'observation et la créativité de l'élève.
- Présentation du projet final avec explication des choix

techniques et artistiques effectués.

Ce chapitre vise non seulement à enseigner les compétences techniques nécessaires au dessin, mais aussi à encourager une approche créative et personnelle de l'art visuel. Il est important que les élèves comprennent que le dessin est un moyen d'expression personnel qui se développe avec la pratique et l'expérimentation.

Pour le quatrième chapitre d'un programme pédagogique en arts plastiques, intitulé "Peinture", nous allons plonger dans les fondamentaux de la peinture, ses techniques variées, et son potentiel d'expression artistique. Ce chapitre vise à équiper les élèves des compétences et connaissances nécessaires pour explorer leur créativité à travers la peinture.

CHAPITRE 4: PEINTURE

Objectifs du chapitre :

- Introduire les élèves aux différents médiums et techniques de peinture.
- Explorer l'histoire et les styles de peinture à travers les époques.
- Développer les compétences techniques et encourager l'expression personnelle.

Contenu :

Introduction aux médiums

- Présentation des différents types de peintures (aquarelle, acrylique, huile) et de leurs propriétés spécifiques.
- Explication sur le choix des supports (papier, toile, bois) en fonction du médium.

Techniques de base de la peinture

- Techniques d'application : pinceau, spatule, techniques mixtes.
- Maîtrise des mélanges de couleurs et création de nuances.
- Introduction aux textures et comment les créer avec différents outils et techniques.

Styles de peinture

- Aperçu des mouvements artistiques majeurs (Renaissance, Impressionnisme, Expressionnisme, Art moderne, etc.) et de leur influence sur les techniques et styles de peinture.
- Analyse d'œuvres représentatives pour comprendre l'évolution des techniques et des thématiques artistiques.

Peinture d'observation et expression personnelle

- Exercices pratiques de peinture à partir de modèles réels pour affiner les compétences d'observation.
- Projets créatifs encourageant les élèves à exprimer leurs idées et émotions à travers la peinture, en appliquant les techniques apprises.

Critique et réflexion

- Apprentissage à formuler et à recevoir des critiques constructives sur les œuvres d'art.
- Encouragement à la réflexion sur leur propre travail et sur celui de leurs pairs pour stimuler la croissance artistique.

Activités pratiques :

- Ateliers thématiques : Organisation d'ateliers se concentrant sur un style ou une technique spécifique, permettant aux élèves de créer des œuvres basées sur des mouvements artistiques précis.
- Projet personnel : Les élèves entreprennent un projet de peinture individuel, de la conception à la réalisation, reflétant leur compréhension des techniques et leur vision artistique personnelle.

Évaluation :

- Évaluation continue basée sur la participation aux activités pratiques et la progression technique.
- Présentation du projet personnel avec une explication des choix artistiques et techniques, démontrant une compréhension approfondie du médium.

Ce chapitre offre aux élèves une fondation solide dans la pratique de la peinture, enrichie par la connaissance de son histoire et de ses diverses techniques. L'objectif est de stimuler la créativité, d'affiner les compétences techniques et d'encourager l'expression personnelle à travers le médium de la peinture.

CHAPITRE 5 : SCULPTURE ET MODELAGE

Objectifs du chapitre :

- Introduire les élèves aux bases de la sculpture et du modelage, en explorant différents matériaux et techniques.
- Encourager l'expérimentation avec diverses formes et textures.
- Développer la capacité à conceptualiser et réaliser des œuvres tridimensionnelles.

Contenu :

Introduction aux matériaux

- Présentation des matériaux couramment utilisés en sculpture et modelage, tels que l'argile, le papier mâché, le plâtre, la pierre, le métal, et les matériaux recyclés.

- Discussion sur les propriétés et les possibilités créatives de chaque matériau.

Techniques de base

- Techniques de modelage : apprendre à manipuler l'argile et d'autres matériaux souples pour créer des formes.

- Initiation aux outils de sculpture : ciseaux, fils à couper, ébauchoirs, et leur utilisation correcte pour sculpter et détailler les œuvres.

Forme et espace

- Exploration de la relation entre forme et espace dans la sculpture, en comprenant comment les œuvres tridimensionnelles occupent et modifient l'espace autour d'elles.
- Exercices pratiques pour développer un sens de la proportion, de l'équilibre, et de la composition dans l'espace tridimensionnel.

Sculpture abstraite et figurative

- Distinction entre sculpture abstraite et figurative, avec des exemples d'œuvres et d'artistes représentatifs.
- Projets permettant aux élèves d'expérimenter avec les deux approches.

Expression personnelle

- Encourager les élèves à développer leur propre voix artistique à travers la sculpture, en les guidant pour réaliser des projets personnels qui reflètent leur vision et leurs idées.

Activités pratiques :

- Atelier de modelage : Les élèves créent des petites sculptures en argile ou en papier mâché, en appliquant les techniques de base apprises.
- Projet de sculpture personnelle : Réalisation d'un projet de sculpture plus ambitieux, où les élèves conceptualisent et créent une œuvre reflétant un thème ou une idée

personnelle.

Évaluation :

- Évaluation basée sur la participation active aux ateliers et sur le processus créatif démontré dans les projets de sculpture.
- Présentation des projets finaux, avec une discussion sur les choix matériels, techniques, et conceptuels effectués par les élèves.

Ce chapitre vise à ouvrir les élèves au monde de la sculpture et du modelage, en leur offrant les outils et les connaissances nécessaires pour exprimer leurs idées en trois dimensions. Il encourage l'exploration créative et l'expression personnelle, en soulignant l'importance de la pensée spatiale dans la création artistique.

CHAPITRE 6 : ART ET TECHNOLOGIE

Objectifs du chapitre :

- Explorer l'intersection entre l'art et la technologie et comment elle élargit les possibilités créatives.
- Introduire les élèves aux outils et techniques numériques utilisés dans la création artistique.
- Encourager l'expérimentation et l'innovation en utilisant la technologie dans les projets artistiques.

Contenu :

Histoire de l'art et technologie

- Brève revue de l'évolution de l'art numérique et de l'influence de la technologie sur les arts visuels.
- Présentation d'artistes clés qui ont fusionné l'art et la technologie dans leur travail.

Outils et médias numériques

- Introduction aux différents outils numériques disponibles pour les artistes, tels que les logiciels de dessin et de peinture numérique, la modélisation 3D, et l'animation.
- Aperçu des dispositifs de création numérique, comme les tablettes graphiques et les imprimantes 3D.

Techniques numériques de base

- Apprentissage des principes de base du dessin et de la peinture numériques, y compris les calques, les sélections, et l'utilisation des brosses numériques.
- Introduction à la modélisation 3D simple et à l'impression 3D.

Art interactif et multimédia

- Exploration de l'art interactif et du multimédia, y compris l'art vidéo, les installations interactives, et les jeux vidéo comme forme d'expression artistique.
- Discussion sur l'importance de l'interaction du spectateur et de l'expérience immersive dans l'art contemporain.

Projets personnels et expérimentation

- Encouragement des élèves à entreprendre des projets personnels qui intègrent la technologie de manière créative.
- Soutien à l'expérimentation avec différents outils et médias numériques pour réaliser des œuvres d'art uniques.

Activités pratiques :

- Atelier de dessin numérique : Les élèves utilisent des logiciels de dessin pour créer des œuvres d'art numériques, en appliquant les techniques apprises.
- Projet d'installation interactive : En petits groupes, les élèves conçoivent et réalisent une installation artistique interactive en utilisant des capteurs simples et des microcontrôleurs.

Évaluation :

- Évaluation continue basée sur la participation aux ateliers et

sur l'engagement dans le processus d'expérimentation avec la technologie.
- Présentation des projets finaux avec une réflexion sur l'intégration de la technologie dans leur processus créatif et sur l'impact de celle-ci sur l'œuvre finale.

Ce chapitre vise à montrer aux élèves le potentiel de la technologie comme moyen d'expression artistique, en les encourageant à explorer et à innover au-delà des méthodes traditionnelles. Il souligne l'importance de la curiosité et de l'ouverture d'esprit dans la création artistique contemporaine.

CHAPITRE 7: HISTOIRE DE L'ART

Objectifs du chapitre :

- Fournir une compréhension de l'évolution de l'art à travers les époques.
- Exposer les élèves à divers mouvements artistiques et à leurs contextes historiques et culturels.
- Encourager la réflexion sur l'influence des mouvements artistiques passés sur l'art contemporain.

Contenu :

Introduction à l'histoire de l'art

- Vue d'ensemble des périodes clés de l'histoire de l'art, de la préhistoire à l'art contemporain.
- Discussion sur l'importance de l'art dans la société et son rôle en tant que reflet des périodes historiques.

Mouvements artistiques majeurs

- Exploration approfondie de mouvements artistiques sélectionnés (par exemple, Renaissance, Baroque, Romantisme, Impressionnisme, Expressionnisme, Cubisme, Surréalisme, Art moderne et Art contemporain).
- Présentation d'artistes emblématiques de chaque

mouvement et analyse de leurs œuvres marquantes.

Contexte historique et culturel

- Étude de l'influence du contexte historique et culturel sur les mouvements artistiques.
- Discussion sur comment les événements historiques, les découvertes scientifiques et les changements sociaux ont façonné l'art de différentes époques.

Art et technologie

- Réflexion sur l'impact de l'avancée technologique sur l'art à travers les âges, incluant les récents développements en art numérique et multimédia.

Influence et héritage

- Analyse de l'influence des mouvements artistiques passés sur les artistes contemporains et sur la culture populaire.
- Encouragement à la réflexion personnelle sur l'importance de connaître l'histoire de l'art pour la pratique artistique actuelle.

Activités pratiques :

- Reproductions artistiques : Les élèves choisissent une œuvre d'un mouvement artistique étudié pour en créer une reproduction ou une interprétation personnelle.
- Projet de recherche : Réalisation d'un projet de recherche sur un artiste ou un mouvement artistique spécifique, incluant une présentation orale ou écrite.

Évaluation :

- Évaluation basée sur la participation aux discussions en classe, la qualité des travaux pratiques et des projets de

recherche.
- Réflexion critique sur une œuvre ou un mouvement artistique, démontrant une compréhension des influences historiques et culturelles.

Ce chapitre vise à enrichir la compréhension des élèves de l'histoire de l'art, en soulignant comment l'art est un miroir de son temps et un moteur de changement culturel.

CHAPITRE 8: PROJETS THÉMATIQUES

Objectifs du chapitre :

- Encourager les élèves à appliquer les compétences et les techniques apprises dans les chapitres précédents à des projets basés sur des thèmes variés.
- Stimuler la créativité et l'expression personnelle en explorant des sujets significatifs à travers l'art.
- Développer la capacité à mener un projet artistique de sa conception à sa réalisation finale.

Contenu :

Sélection de thèmes

- Introduction à une variété de thèmes pouvant servir de base aux projets artistiques, tels que la nature, les émotions, les cultures du monde, les rêves, les mythes, et l'actualité.
- Discussion sur l'importance de choisir un thème qui résonne personnellement avec l'artiste.

Recherche et inspiration

- Techniques de recherche et de collecte d'inspiration autour du thème choisi, incluant l'étude d'œuvres d'art, la littérature, la photographie, et d'autres ressources culturelles.

CHAPITRE 8: PROJETS THÉMATIQUES

- Encouragement à tenir un carnet de croquis ou un journal d'inspiration pour rassembler idées et esquisses.

Développement de concepts

- Ateliers sur la génération d'idées et la conceptualisation de projets artistiques qui communiquent une vision ou un message en lien avec le thème.
- Introduction aux méthodes de planification de projets, y compris la création de maquettes ou de plans préliminaires.

Réalisation

- Application des techniques spécifiques aux médiums choisis (dessin, peinture, sculpture, art numérique, etc.) pour la réalisation des projets.

- Conseils sur la gestion du temps et des ressources matérielles pour mener à bien le projet.

Présentation et critique

- Organisation d'une exposition des projets finaux, permettant aux élèves de présenter leur travail à la classe.
- Introduction à la critique constructive, avec des sessions où les élèves et l'enseignant échangent des retours sur les œuvres, en se concentrant sur l'interprétation du thème, la technique, et l'expression artistique.

Activités pratiques :

- Ateliers thématiques : Sessions de travail en groupe ou individuelles où les élèves développent leurs projets en se basant sur le thème choisi.
- Exposition de fin de chapitre : Organisation d'une petite exposition dans la classe ou l'école pour montrer les projets finaux et partager les œuvres avec un public plus large.

Évaluation :

- Évaluation basée sur la créativité, l'originalité, et la fidélité au thème choisi dans les projets finaux.
- Analyse de la capacité à utiliser efficacement les techniques artistiques appropriées pour exprimer le thème.
- Réflexion personnelle sur le processus créatif et l'apprentissage tiré de la réalisation du projet.

Ce chapitre permet aux élèves d'intégrer et d'appliquer de manière concrète les compétences artistiques acquises, en leur offrant un espace d'expression libre autour de thèmes qui les passionnent ou les interrogent.

CHAPITRE 9 : EXPOSITION ET CRITIQUE

Objectifs du chapitre :

- Préparer les élèves à organiser et à présenter une exposition de leurs œuvres.
- Initier les élèves à l'art de la critique constructive, tant en tant que récepteurs qu'émetteurs de feedback.
- Renforcer la capacité à communiquer sur son travail artistique et à interpréter l'art des autres.

Contenu :

Planification d'une exposition

- Introduction aux étapes clés de l'organisation d'une exposition, incluant la sélection des œuvres, la disposition spatiale, et la promotion de l'événement.
- Discussion sur l'importance de la cohérence thématique et de la narration visuelle dans la mise en place d'une exposition.

Préparation des œuvres

- Conseils sur la préparation des œuvres pour l'exposition, y compris l'encadrement, le montage, et l'étiquetage.

- Réflexion sur la sélection des œuvres à exposer et la manière dont elles dialoguent entre elles.

Le vernissage

- Organisation d'un vernissage pour l'ouverture de l'exposition, permettant aux élèves de présenter leur travail au public.
- Techniques de communication efficace pour parler de son art et engager la conversation avec les visiteurs.

Initiation à la critique d'art

- Introduction aux principes de la critique d'art, y compris comment formuler et recevoir des critiques constructives.
- Exercices pratiques de critique, où les élèves apprennent à analyser et à discuter des œuvres d'art de manière réfléchie et respectueuse.

Réflexion et évaluation

- Encouragement à la réflexion personnelle sur l'expérience de l'exposition et sur le feedback reçu.
- Discussion de groupe sur les apprentissages, les défis rencontrés, et les succès de l'exposition.

Activités pratiques :

- Atelier de préparation à l'exposition : Les élèves participent à des ateliers pratiques pour préparer leurs œuvres à l'exposition.
- Simulation de critique d'art : Organisation de sessions de critique où les élèves pratiquent l'échange de feedback sur les œuvres de leurs camarades.

Évaluation :

- Évaluation basée sur la participation active à l'organisation

de l'exposition et aux sessions de critique.
- Analyse des réflexions écrites des élèves sur leur expérience de l'exposition et sur le processus de critique.

Ce chapitre offre une opportunité précieuse pour les élèves de vivre l'expérience complète d'une exposition, de la conceptualisation à la réalisation, tout en développant leur capacité à interagir de manière constructive avec le travail artistique, que ce soit le leur ou celui d'autrui.

CHAPITRE 10 : RÉFLEXION ET PORTFOLIO

Objectifs du chapitre :

- Encourager les élèves à réfléchir sur leur parcours artistique et les compétences développées au cours du programme.
- Initier les élèves à la création d'un portfolio artistique, un outil essentiel pour présenter leur travail de manière professionnelle.
- Renforcer la capacité des élèves à évaluer leur propre travail et à planifier leur développement futur.

Contenu :

L'importance de la réflexion dans la pratique artistique

- Discussion sur comment la réflexion aide les artistes à comprendre leur propre style, à identifier leurs forces et leurs axes d'amélioration.
- Introduction à des techniques de réflexion, telles que le journal artistique et la critique de portfolio.

Création d'un portfolio

- Conseils sur la sélection des œuvres à inclure dans le portfolio, en mettant l'accent sur la diversité des techniques et des thèmes abordés.

- Initiation aux éléments clés d'un portfolio efficace, incluant la présentation visuelle, les descriptions des œuvres, et la déclaration artistique personnelle.

Présentation et partage du portfolio

- Techniques pour numériser et présenter les œuvres en ligne, en utilisant des plateformes adaptées aux artistes.
- Conseils sur comment partager son portfolio avec un public plus large, incluant les écoles d'art, les galeries, et les réseaux sociaux.

Planification du développement artistique futur

- Encouragement à la définition d'objectifs artistiques à court et long terme, basés sur la réflexion et l'évaluation de leur propre travail.
- Discussion sur les opportunités de formation continue, les résidences d'artistes, et les autres moyens de soutenir la croissance artistique.

Activités pratiques :

- Atelier de création de portfolio : Les élèves travaillent à la conception et à l'assemblage de leur portfolio, en sélectionnant et en préparant les œuvres à inclure.
- Session de partage et de feedback : Organisation d'une session où les élèves présentent leur portfolio à la classe pour recevoir des retours constructifs.

Évaluation :

- Évaluation basée sur la qualité et la cohérence du portfolio final, ainsi que sur la capacité à articuler une réflexion personnelle sur leur œuvre et leur développement artistique.
- Prise en compte de l'engagement dans le processus de réflexion et de planification future.

Ce dernier chapitre clôture le programme pédagogique en arts plastiques en mettant l'accent sur l'importance de l'introspection et de la présentation professionnelle dans la pratique artistique. Il vise à préparer les élèves à poursuivre leur parcours artistique avec confiance, équipés d'un portfolio représentatif de leur travail et d'une vision claire de leur développement futur.

CHAPITRE BONUS:

"Dessin d'ombre et de lumière".

Section Bonus: Dessin d'ombre et de lumière

Objectifs de la section :
- Comprendre l'importance des ombres et de la lumière dans la création d'un dessin réaliste.
- Apprendre à observer et à reproduire les effets de lumière et d'ombre sur différents objets.
- Développer la capacité à utiliser le contraste pour donner de la profondeur et du volume aux dessins.

Contenu :

Principes de base de l'ombre et de la lumière

- Introduction aux concepts de source de lumière, ombres propres, ombres portées, et réflexions de lumière.
- Discussion sur la manière dont la lumière et l'ombre définissent la forme et la texture des objets.

Techniques de dessin des ombres

- Apprentissage des techniques pour représenter les ombres dans le dessin, telles que l'estompage, le hachurage, et le sfumato.
- Exercices pratiques sur le placement et l'intensité des ombres en fonction de la source de lumière.

Jouer avec la lumière

- Techniques pour dessiner la lumière et les zones éclairées sur les objets, y compris la gestion des points de lumière et des contrastes.
- Pratique de la représentation des effets de lumière sur différentes textures et matériaux.

Composition et mise en scène

- Conseils pour utiliser la lumière et l'ombre afin de créer une composition équilibrée et de guider l'œil du spectateur dans le dessin.
- Création de scènes avec une atmosphère ou une ambiance spécifique grâce à l'utilisation stratégique de l'ombre et de la lumière.

Activités pratiques :

- Études d'ombre et de lumière : Réalisation de croquis d'objets simples sous différentes sources de lumière pour pratiquer les techniques d'ombre et de lumière.
- Projet de dessin final : Création d'une composition plus complexe qui utilise de manière efficace l'ombre et la lumière pour créer un effet réaliste et tridimensionnel.

Évaluation :

- Évaluation basée sur l'application des techniques d'ombre et de lumière dans les travaux pratiques et le projet final.
- Analyse des travaux par les élèves, en se concentrant sur la manière dont l'ombre et la lumière contribuent à la forme, au volume, et à l'atmosphère du dessin.

Cette section approfondit les techniques spécifiques du dessin qui permettent de capturer de manière réaliste les effets de lumière et d'ombre, éléments clés pour donner vie à des œuvres d'art.

www.ingramcontent.com/pod-product-compliance
Lightning Source LLC
Chambersburg PA
CBHW031515210526
45464CB00007B/2929